# Rabenschwarz
# & Krähativ

### Frank W. Kallweit

# WortWitz

1.Auflage

ISBN  9783756258505

Alle Rechte beim Herausgeber
© 2022 Frank W. Kallweit
Menden (Sauerland)
Umschlaggestaltung: Frank W. Kallweit

Herstellung und Verlag:
BoD – Books on Demand, Norderstedt

August 2022

# für
komische Vögel,
*Überflieger*, Mauersegler,
**NESTHOCKER**, **Nachteulen**,
Early Birds, Schräge Vögel, Tiefflieger,
Senkrechtstarter. **TÖLPEL UND ADLER**, Raubvö-
gel und Friedenstauben,
*für alle bunten*
*Vögel dieser Welt,*
**schwarz und weiß ist aber auch okay**

7

# DER GLÜCKSTAG

Ein junges Krähenpärchen beginnt ihren morgendlichen Ausflug.
**Koko**: «Ich glaube, heute wird es ein rabenschwarzer Tag.»
**Knut**: «Ja, mein Liebes, unser Glückstag eben.
Krah, Krah ...»

---

# SCHWARZGEÄRGERT

Zwei Krähen treffen sich zufällig auf einem Baum.
**Kai-Uwe**: «Guten Tag! Woher kommst denn du des Weges? Krah, krah ...»

**Klementine**: «Sprich mich besser nicht von der Seite an, krah, krah …»

**Kai-Uwe**: «Was ist denn mit dir passiert?»

**Klementine**: «Heute habe ich mich richtig schwarzgeärgert.»

**Kai-Uwe**: «Dann warst du wohl vorher ein Graupapagei. Krah, Krah …»

---

## VÖGELN?

Zwei Draufgänger der Krähenkolonie treffen sich zum Abhängen auf einem nahegelegenen Scheunendach.

**Kurt**: «Carlos, was hältst du denn so von Vögeln?»

**Karlos**: «Ich bin dabei.»

**Kurt**: «Der Spatz auf dem Dach ist besser als die Taube im Garten. Krah, Krah …»

# DAS ALTER

Ein altes Krähenpaar sitzt in seinem Nest.
**Kunigunde**: «Korbinian, ich glaube ich werde alt.»
**Korbinian**: «Gundi, wie kommst du denn auf sowas?»
**Kunigunde**: «Ja, schau mich mal an.»
Der Krähenmann begutachtet sein Weibchen ganz genau.
**Korbinian**: «Also, ich seh da nichts.»
**Kunigunde**: «Korbinian, du musst auch ganz genau hin-
schauen. Ich habe Krähenfüße.»

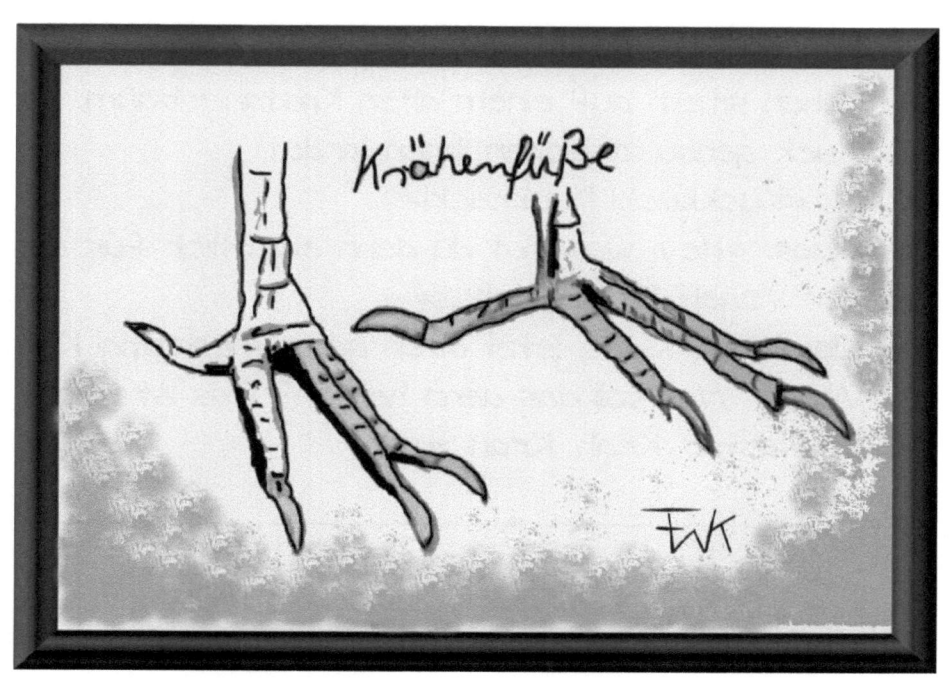

# KUCKUCK

Zwei Krähen sitzen auf einem alten Kastanienbaum, als ein Kuckuck genau zwischen ihnen landet.

**Kuckuck**: «Kuckkuck! Kuckkuck!»

**Krähe Klaas**: «Hey, was bist du denn eigentlich für ein komischer Vogel? Krah, krah …»

**Krähe Klemens**: «Klaas, jetzt aber ganz vorsichtig! Komischer Vogel? Was soll das denn heißen? Das ist meine kleine Schwester. Krah, Krah…»

---

13

# Augenklappe

Zwei Draufgänger der Krähenkolonie treffen sich nach einem langen Wochenende zum Frühstück am Waldrand.
Konstantin: «Was ist denn mit dir passiert?»
Kasimir (mit Augenklappe): «War nur ein Irrglaube.»
Konstantin: «Und danach siehst du so aus? Was hast du denn geglaubt?»
Kasimir: «Eine Krähe hackt der anderen kein Auge aus. Krah, Krah...»

---

# Krähennachwuchs

Zwei Krähenmütter treffen sich am Morgen bei der Futtersuche auf einer Birke am Rande der Kolonie.

**Käthe**: «Haste schon gehört? Die Schnabels haben jetzt auch Nachwuchs bekommen.»

**Karlotta**: «Wie schön. Und, wie sehen die Kleinen aus?»

**Käthe**: «Na, wie aus dem Ei gepellt. Krah, Krah ...»

---

# DER GEBURTSORT

Karl trifft einen neuen Einwohner in der Krähensiedlung.

**Karl**: «Was bist du denn eigentlich für ein komischer Vogel?»

**Kevin**: «Komisch bin ich ganz gewiss nicht. Ich bin eine echte Vorzeigekrähe. Denn ich bin in Krähfeld geboren. Krah, Krah ...»

# VEGETARIER

Zwei Jungkrähen treffen sich auf einer Streuobstwiese.

Ken: «Grüß dich, Kim. Ich hab dich schon lange nicht mehr gesehen. Gibt's bei dir was Neues?»

Kim: «Ja, ich bin jetzt Vegetarier.»

Ken: «Und, wovon ernährst du dich jetzt so?»

Kim: «Ich esse zum Beispiel Fallobst.»

Ken: «Na, mal ehrlich, da ist doch bestimmt der Wurm drin. Krah, Krah...»

---

# SCHNECKEN

Zwei Krähenmütter treffen sich in einem leeren Nest am Ortsrand, um zu plaudern.

**Katja**: «Klara, meine Tochter ist seit kurzer Zeit Vegetarier.»

**Katja**: «Und, was isst dein Mädel dann so?»

**Klara**: «Die stopft nur noch Schnecken in sich hinein.»

**Katja**: «Aber dann ist sie doch keine Vegetarierin.»

**Klara**: «Doch, meine Tochter ist ja wählerisch. Die nimmt nur Zimtschnecken. Krah, krah ...»

---

# DIE KÜNSTLERIN

Zwei Nachbarinnen aus der Krähenkolonie treffen sich auf einem abgeernteten Feld zur Futtersuche.

**Karla**: «Deine Tochter müsste doch schon aus dem Gröbsten raus sein, krah, krah.»

**Kamilla**: «Ja, so langsam wird sie flügge. Die Kleine entwickelt sich wirklich prächtig. Meine Tochter ist eine richtige Künstlerin.»

**Karla**: «Woran hast du das denn gemerkt?»

**Kamilla**: «Sie ist so Krähativ. Krah, Krah...»

---

# TASSEN

Zwei Krähen treffen sich zum Kaffeeklatsch.

**Krimhild**: «Da hab ich doch gerade im Krähenfunk wieder was Interessantes gehört. Wie trinken Krähen am liebsten?»

**Karlotta**: «Keine Ahnung.»

**Krimhild**: «Das ist doch wohl klar, aus der Schnabeltasse natürlich. Krah, krah...»

---

# BLEICH

An einer Vogeltränke landen zwei Jungkrähen.

**Ken**: «Hi, was ist los mit dir? Kirk, du siehst heute so bleich aus.»

**Kirk**: «Das ist ja auch kein Wunder, ich habe gestern zwei Flaschen Federweißer getrunken. Krah, krah...»

---

# EIN Hühnerei

Zwei Krähen im Winter bei der Futtersuche.

Karl: «Bei diesem eisigen Wetter findet man wirklich kaum etwas Essbares. Was gab's denn gestern bei euch?»

Kilian: «Ich habe gestern zum ersten Mal ein Hühnerei gegessen.»

Karl: «Und? Wie hat es geschmeckt?»

Kilian: «Es hatte einen schalen Beigeschmack. Krah, krah ...»

---

23

# SUPPPE

An einer geöffneten Konservendose machen sich Krähen zu schaffen.

**Kristine**: «Wie isst du denn eigentlich deine Suppe am liebsten?»

**Kunigunde**: «Ich mag die Suppe ziemlich Krähmig. Krah, krah …»

---

# DIE BAHN

Beim morgendlichen Nestputz unterhalten sich zwei Nachbarinnen

**Kirsten**: «Ich habe eine Neuigkeit für dich. Mein Sohn fängt bei der Bahn an.»

**Klara**: «Was will er denn werden?»

**Kirsten**: «Na, das ist doch wohl klar. Ein richtiger Zugvogel. Krah, krah...»

# DAS TELEFON

Eine Krähe ruft laut zum Nachbarnest hinüber.

Karen: «Morgen, Kassandra. Hast du es schon gehört?»

Kassandra: «Guten Morgen. Was soll ich denn gehört haben?»

Karen: «Meine Nachbarn auf der anderen Seite können jetzt telefonieren.»

Kassandra: «Wirklich?»

Karen: «Ja, sie haben jetzt ein Ei-Phone. Krah, krah…»

---

27

# KOPFSCHMERZEN

Ein Krähenpaar unterhält sich am Morgen nach dem Wachwerden.

**Kathinka**: «Konstantin, hast du heute Nacht gut geschlafen?»

**Konstantin**: «Ach Kathinka, ich konnte kaum ein Auge zumachen. Jetzt plagen mich fürchterliche Kopfschmerzen.»

**Kathinka**: «Ach, Du Armer. Woran liegt das denn?»

**Konstantin**: «Heute Nacht blies ein kräftiger Wind durch unser Nest.»

**Kathinka**: «Konstantin, Du bist halt kein Zugvogel. Krah, krah...»

---

# VOGELSTIMMEN

Zwei Jungkrähen beim gemeinsamen Erkundungsflug.

**Kevin**: «Mein Bruder nervt ziemlich.»

**Kosta**: «Warum? Was hat er gemacht?»

**Kevin**: «Der imitiert den ganzen Tag irgendwelche Vogelstimmen. Das nervt.»

**Kosta**: «Das ist doch super. Damit will er bestimmt Beutetiere anlocken.»

**Kevin**: «Quatsch, nein, das ist bestimmt nicht seine Absicht. Der will bei Deutschland sucht den Superstar mitmachen. Krah, krah...»

---

# DER NEUE LADEN

Eine Krähe landet in einer Gruppe von Jungkrähen.

**Kaspar**: «Hallo, habt Ihr es schon gehört? Mein Onkel hat sich selbständig gemacht.»

Aus der Gruppe tönt es, wie aus einem Schnabel: «Wie denn?»

**Kaspar**: «Er will einen Krähmerladen aufmachen. Krah, krah…»

---

# EIERLIKÖRCHEN ?

Samstagabend beim Dorfstammtisch »Die Schluck-
spechte".

**Knut**: «Eierlikörchen? Möchte noch jemand ein Eierlikör-
chen? Krah, krah...»

**KLemens**: «Nein, ganz bestimmt nicht. Das ist ja richtig
ekelig.»

**Knut**: «Nee, der ist doch lecker.»

**Klemens**: «Eierlikörchen? Wir sind doch keine Kannibalen.
Krah, krah ...»

---

# DIE FLUGSAURIER

Krähen beim gemeinsamen Ausflug.

**Kasimir**: «Wusstet ihr eigentlich, dass unsere Vorfahren Flugsaurier waren.»

**Kornelius**: «Echt jetzt?»

**Kasimir**: «Ja, die waren ziemlich riesig.»

**Kornelius**: «Meine Vorfahren Flugsaurier. Das kann ich mir so gar nicht vorstellen.»

**Kasimir**: «Ja, die hatten nicht einfach links und rechts einen Flügel. Die waren so riesig, die hatten einen Ost- und einen Westflügel.»

---

# AM HIMMELSTOR

Eine Krähe flog hoch hinaus und landete vorm Himmels-
tor.

**Konstantin**: «Bitte öffne das Tor und lass mich hinein.»

**Stimme Petrus**: «Du stehst vorm Himmelstor. Was willst
du denn hier?»

**Konstantin**: «Ich bin auf der Autobahn überfahren wor-
den und möchte jetzt in den Himmel.»

**Petrus**: «Hier im Himmel gilt ein Grundsatz: Krähe nein,
Taube ja.»

**Konstantin**: «Häh, was hast du gesagt?»

---

# DER ALKOHOL

Manchmal gibt es auch in der Krähenkolonie ein trauriges Ereignis.

**Kilian**: «Mein Beileid. Ich habe es schon im Wald- und Flurfunk gehört, dein Onkel ist verstorben. Wie ist das denn passiert? Er sah doch ganz gesund aus.»

**Klaus**: «Bier wurde ihm zum Verhängnis.»

**Kilian**: «War dein Onkel Alkoholiker?»

**Klaus**: «Nein. Als er auf der Zufahrt zur Brauerei eine tote Maus zerlegen wollte, wurde er vom Biertransporter überrollt.»

---

# DER LETZTE WEG

Krähen sind zäh, aber sie leben auch nicht ewig.
**Klemens**: «Weißt du eigentlich, wo Krähen hinkommen,
wenn sie tot sind?»
**Kai**: «Kommen sie direkt in den Himmel?»
**Klemens**: «Nein, ins Krähmatorium. Krah, krah...»

---

# DIE TAUBE

Eine weiße Taube landet mitten in einer Gruppe von Krähen.

**Taube Frieda**: «Guru, guru, guru.»

**Klara**: «Was bist du denn für eine? Du überlebst hier nicht lange, denn du passt genau in unser Beuteschema.»

**Taube Frieda**: «Guru, guru, guru. Ich bin doch eine von euch.»

**Klara**: «Quatsch. Der Sprachfehler ist das eine, aber deine Federn sind doch weiß.»

**Taube Frieda**: «Guru, guru, guru. Das ist eine Krankheit. Ich bin eine Krähe mit Mehltau.»

---

# DER SCHAUSPIELER

Ein Krähenschwarm hat sich auf einem frisch eingesäten Feld niedergelassen.

**Kevin**: «Mein Bruder nervt. Es ist wirklich nicht mehr auszuhalten.»

**Katja**: «Warum? Was hat denn dein Bruder gemacht?»

**Kevin**: «Nichts. Genau das ist es ja. Bei unserer Futtersuche macht er nicht mehr mit. Er glaubt, er sei etwas Besseres.»

**Katja**: «Echt? Das ist ja merkwürdig.»

**Kevin**: «Mein Bruder glaubt, er sei ein großer Schauspieler.»

**Katja**: «Wie kommt er denn darauf?»

**Kevin**: «Das ist alles nur, weil er Statist bei der Neuverfilmung Hitchcocks ‚Die Vögel‘ war. Krah, krah...»

# DER SCHWAN

Am Ortsrand auf einem Strommasten sitzen zwei Krähen

Kira: «Heute habe ich gesehen, welche Auswirkung die Globalisierung hat.»

Klaudia: «Was hast du denn genau beobachtet?»

Kira: «Ein Schwan flog über die Neubausiedlung.»

Klaudia: «Das ist doch wirklich nichts Besonderes. Hier ganz in der Nähe gibt es einen Teich. Dort leben viele Schwäne.»

Kira: «Dieser Schwan war aber nicht weiß, sondern pechschwarz. Und schwarze Schwäne gibt es normalerweise nur auf der südlichen Welthalbkugel.»

Klaudia lacht: «Das war bestimmt nur eine Sinnestäuschung.»

Kira: «Ich bin doch nicht verrückt. Nein, ich habe den Schwan genau gesehen, der war schwarz.»

**Klaudia**: «Die neuen Null-Energie-Häuser in der Siedlung haben alle einen Kaminofen. Möchte nicht wissen, was da so alles durch den Schlot geht. Einige Kamine rußen ziemlich, da wird schnell aus purem Weiß ein tiefes Schwarz.»

---

Schwanensee schwarz-weiß

# NACHWUCHSFÖRDERUNG

Beim Putzen und den regelmäßigen Ausbesserungsarbeiten am Nest kommt jede Abwechslung gelegen. Bei einem Pläuschchen mit den Nachbarn werden gern die Neuigkeiten ausgetauscht.

Kian: «Ist schon toll, was die neue Technik so bringt. Familie Flügel hat einen Flugsimulator.»

Kadlin: «Wozu brauchen die einen Flugsimulator? Will der Kristof seinen Beruf wechseln?»

Kian: «Nein, der Flugsimulator ist für den Nachwuchs.»

Kadlin: «Ach so, da haben es die jungen Eltern heute richtig gut.»

Kian: «Ja, das stimmt. Wie oft mussten wir unseren Kleinen immer wieder zeigen, wie man richtig mit den Flügeln schlägt?»

Kadlin: «Und am Ende mussten wir doch alle aus dem Nest schubsen.»

# DER VERKAUFSKÜNSTLER

Auch in der Krähenkolonie gibt es Veränderungen. Nester werden neu besiedelt, aber einige Vogelbehausungen auch leer zurückgelassen.

**Knuthilde**: «Stimmt es, dass dein Neffe mit seiner Familie in einen besseren Stadtteil gezogen ist?»

**Kylie**: «Ja, der hat in der letzten Zeit richtig viel Geld verdient.»

**Knuthilde**: «Der macht ja wirklich aus jedem Scheiß Geld.»

**Kylie**: «Genau, Guano aus dem Sauerland. Dann hört sich das doch schon viel besser an und findet als Ökodünger reißenden Absatz.»

# WÜRMER

Schneller als jeder Nachrichtendienst sind tratschende Krähenschnäbel.

**Kunz**: «Habe deine Tochter schon lange Zeit nicht mehr gesehen. Ist was passiert?»

**Kornelia**: «Ja, das stimmt. Kyra hat Würmer.»

**Kunz**: «Das ist ja krass.»

**Kornelia**: «Ja, und es sind wirklich viele.»

**Kunz**: «Und, was macht Kyra jetzt?»

**Kornelia**: «Meine Tochter hat einen kleinen Laden aufgemacht und will die Würmer verkaufen.»

**Kunz**: «Toll, das nenn ich Geschäftssinn.»

---

# KRIMINELL

Was wäre ein neuer Tag ganz ohne Tratsch?

**Krysante**: «Ich traue mich das eigentlich gar nicht zu fragen. Stimmt das, dass deine Tochter in die Kriminalität abgerutscht ist?»

**Kordula**: «Ja, es ist schlimm. Wir verstehen nicht, wie so etwas passieren konnte. Jetzt haben wir sie verstoßen. Kelly ist nicht mehr unsere Tochter.»

**Krysante**: «So schlimm? Was ist denn da genau geschehen?»

**Kordula**: «Es ist noch viel schlimmer. Sie lebt jetzt mit einer Elster zusammen.»

**Krysante**: «Kaum zu glauben, dabei war die kleine Kelly doch früher ein so nettes Vögelchen.»

# HORST

Zwei Nachbarinnen der Krähensiedlung genießen die Morgensonne.

**Karla**: «Guten Morgen, Konstanze! Hast du eigentlich meinen Mann gestern gesehen?»

**Konstanze**: «Nein. Sollte ich? Wo war er denn?»

**Karla**: «Mein Mann war im Horst des Adlers.»

**Konstanze**: «Nein, das ist ja unglaublich, dein Mann im Horst des Adlers. Mein Nachbar war im Fernsehen in dieser neuen Erfindersendung und ich habe es verpasst. Was hat er denn erfunden?»

**Karla**: «Er hat seinen neuen Klopfer vorgeführt. Mit dem Holzstück kann man die Geräusche von fallenden Regentropfen simulieren und damit Regenwürmer aus ihren Erdlöchern locken.»

**Konstanze**: «Das ist ja der Wahnsinn. Der Einstein der Krähen ist mein Nachbar. Die Erfindung wird tausende hungrige Krähenmägen füllen.»

# STREIK

An diesem Morgen war es viel lauter in der Krähensied-
lung. An allen Ecken krächzten aufgeregte Einwohner.

**Kunigunde**: «Hast du es schon gehört? Die ganze Kolonie
redet von nichts anderem.»

**Karlotta**: «Nein, ich habe nichts gehört. Was ist pas-
siert?»

**Kunigunde**: «Bei Familie Schnabel ist ein Küken aus dem
Nest gefallen.»

**Karlotta**: «Oh je, das Kleine ist doch erst vor einigen Ta-
gen geschlüpft. Und, hat es sich verletzt?»

**Kunigunde**: «Zum Glück nur ein Schock. Aber es pas-
sierte mitten in der Nacht...»

**Karlotta**: «Ja, und wir sind alle so schwarz wie die Nacht.
Da findest du ja niemanden.»

**Kunigunde**: «Das müssen wirklich schlimme Momente für die Eltern gewesen sein. Erst im Morgengrauen haben sie ihr Kleines gefunden.»

**Karlotta**: «Das Leben kann hart sein.»

**Kunigunde**: «Das wollen wir jetzt ändern. Wir machen einen großen Streik und fordern LED-Warnwesten für den Nachwuchs.»

**Karlotta**: «Ach, deshalb trägst du diese Neonweste.»

**Kunigunde**: «Ich wollte auch einmal aus der Dunkelheit treten und ein leuchtendes Vorbild sein.»

---

# STURMFREI

Krähen sind sehr gesellige Vögel.

**Kristin**: «Koko, kommst du heute Abend bei mir vorbei? Ich habe einen neuen Aufgesetzten mit Vogelbeeren.»

**Koko**: «Du kannst auch mit dem Fläschchen zu mir kommen. Bei mir ist heute nämlich sturmfrei. Alle sind ausgeflogen.»

**Kristin**: «Ja, prima, dann komm ich zu dir. Ist Sieben okay?»

**Koko**: «Ja, das passt. Bei mir gibt's auch was zu picken.»

---

# DIE GANS

Auch Krähenväter haben es nicht immer leicht.

**Keno**: «Dein Sohn Klaas hängt ja in letzter Zeit mit so komischen Vögeln ab.»

**Kurt**: «Ja, das stimmt. Darüber machen wir uns auch ständig Sorgen. Zurzeit ist unser Sohn mit einer Gans vom Bauernhof befreundet.»

**Keno**: «Heißt die Gans vielleicht Martin?»

**Kurt**: «Ja, das stimmt. Aber warum fragst du?»

**Keno**: «Dann wird sich das Problem schnell erledigen. Wir haben ja schon Oktober.»

---

51

# STIMMBÄNDER

Bevor sich kleine Vorfälle mit dem Nachbarn zu einem großen Knatsch ausweiten und der Haussegen schief hängt, sollte rechtzeitig das Gespräch gesucht werden.

Katharina: «Hat dein Sohn eigentlich Probleme mit seinen Stimmbändern? Der gibt nur noch so komische Töne von sich. Der kann gar nicht mehr vernünftig krächzen.»

Kalotta: «Kasimir schnattert jetzt nur noch.»

Katharina: «Wie bitte? Was macht Kasimir? Jedenfalls nervt das tierisch.»

Kalotta: «Ja, mein Sohn schnattert nur noch wie eine Ente. Kasimir hat sich nämlich verguckt, er ist verliebt in eine Ente. Und Enten schnattern nun mal.»

Katharina: «Hast du deinem Sohn schon eine Schwimmweste besorgt?»

**Kalotta**: «Wieso denn? Wir Krähen sind doch keine Was-servögel.»

**Katharina**: «Du weißt nicht, zu was Verliebte so alles in der Lage sind, sicher ist sicher.»

---

# DAS VORBILD

Manchmal kann es wichtig sein, seine Beobachtungen mit anderen zu teilen.

**Keno**: «Vor einem halben Jahr saß hier auf dem Zaun an der Villa nur eine einzige Krähe. Sie saß dort Tag für Tag, Nacht für Nacht, die ganze Zeit und bewegte sich keinen Millimeter vom Fleck.»

**Kai**: «Ja, und was willst du mir damit sagen?»

**Keno**: «Schau dich doch mal um. Jetzt sind hier riesige Scharen von Jungvögeln. Überall sitzen Krähen auf den Zäunen, Sträuchern und Bäumen. Alle pilgern jetzt an diesen Ort und wollen so standhaft sein wie ihr Vorbild, die heldenhafte Krähe.»

**Kai**: «Aber dieser Vogel ist nicht echt. Die Krähe an der Villa ist doch nur eine Attrappe, die andere Vögel abschrecken sollte. Sie ist nur eine einfache Plastikskulptur.»

**Keno**: «Nein, jetzt ist sie ein Denkmal. Als Idol kannst du als einfache Plastik mit Macken gefertigt sein und in den Augen der Betrachter ein glitzerndes Monument werden.»

---

# FISCH

Sich gut riechen können, ist eine wichtige Grundlage für eine Beziehung. Doch manchmal stinkts zum Himmel.

**Korbinian**: «Bei unserem neuen Nachbarn riecht es so komisch. Es zieht so ein penetranter Fischgeruch zu uns herüber.»

**Kilian**: «Immer, wenn ich ihn auf dem Wochenmarkt gesehen habe, saß der am Fischstand.»

**Korbinian**: «Das ist aber wirklich komisch. Was macht der denn da?»

**Kilian**: «Der ernährt sich seit einiger Zeit nur noch von Muscheln und Krebsen.»

**Korbinian**: «Der ist doch nicht normal. Das kann ganz bestimmt nicht gesund sein?»

**Kilian**: «Keine Ahnung. Jedenfalls träumt er davon, ein Flamingo mit rosa Federnkleid zu werden.»

**Korbinian**: «Ein Flamingo will er werden? Vielleicht gefällt ihm das am Ende überhaupt nicht. Dann war die Tortur vergebens. Ist es da nicht einfacher, erst einmal zu üben, stundenlang auf einem Bein zu stehen?»

**Kilian**: «Dieser Weg wäre in jedem Fall für die Nachbarn angenehmer.»

---

57

# FLUGANGST

Eine große Belastung kann es sein, wenn selbst die alltäglichen Dinge nicht gelingen wollen.

**Kezia**: «Hast du es schon gehört?»

**Kundry**: «Was denn genau?»

**Kezia**: «Der Klaus hat Flugangst.»

**Kundry**: «Der arme Kerl. Und was macht er jetzt?»

**Kezia**: «Klaus hat auf dem Amt einen Antrag gestellt, nun als Laufvogel anerkannt zu werden.»

---

# PET-FLASCHE

Krimhild klang aufgeregt. Ihre Stimme kreischte.

**Krimhild**: «Krah, krah, krah! Was ist eigentlich in Karl gefahren?»

**Karin**: «Keine Ahnung. Was soll denn mit Karl sein?»

**Krimhild**: «Gestern hab ich ihn mitten auf der Ruhr gesehen. Der Fluss führt reichlich Wasser. Karl stand auf einer PET-Flasche und ließ sich in der Strömung treiben.»

**Karin**: «Das ist aber ziemlich gefährlich. Hat Karl psychische Probleme? Glaubt er vielleicht, er sei eine Ente?»

**Krimhild**: «Ne, das soll wohl eine neue Trendsportart sein. Der macht dieses Standup-Paddling.»

**Karin**: «Gut, wenn's hilft.»

---

# GELBER SACK

Irgendwo findet sich immer noch ein kleiner Platz für einen Neubau in der Krähenkolonie.

Kilian: «Der jungen Familie von nebenan steht das Wasser bis zum Hals!»

Kollina: «Das ist doch so eine nette, fröhliche Familie. Die sind doch erst in der letzten Woche eingezogen. Die haben ein neues Nest gebaut, jetzt ist der Nachwuchs da. Das war doch rundum die heile Welt. Was ist passiert?»

Kilian: «Auf mich wollten sie nicht hören. Tradition hat sich bewährt. Sucht Äste, Blätter und Stroh für den Nestbau, habe ich ihnen geraten. Aber nein, ich habe vor eine Wand geredet. Warum das Material mühselig zusammensammeln, wenn der gelbe Sack vor der Haustür alles bietet?»

Kollina: «Manchmal muss man auch an den Fortschritt glauben. Ultraleichter Baustoff, der auch noch winddicht ist...»

**Kilian:** «Nur, es fließt kein Regen ab. Jetzt steht dem Nachwuchs das Wasser bis zum Hals.»

---

# DER WURM DRIN

Frühjahr, Sommer und auch der Herbst gehören auch für ein Krähenleben zur fröhlicheren Zeit des Jahres. Doch wenn dann der Winter eiskalt einbricht, geht es nur noch um die Futtersuche.

**Karlo:** «Was ist denn mit Kai los. Der benimmt sich in letzter Zeit ganz komisch.»

**Kadir:** «Geht er nicht mehr auf Futtersuche?»

**Karlo:** «Doch. Er sucht Würmer, aber er frisst sie nicht. Er fängt sie und gräbt sie wieder ein. Gehört er jetzt einer Wurmschutzgruppe an?»

**Kadir:** «Nein. Kai ist nur wissbegierig und will von den anderen Tieren lernen.»

**Karlo**: »Das kann ja auch schlau sein. Aber was Kai da anstellt, das macht doch keinen Sinn.«

**Kadir**: «Er hat die Eichhörnchen gesehen, die Nüsse als Wintervorrat vergraben. Deshalb will Kai nun wieder jeden zweiten Wurm zurück in die Erde stecken.»

**Karlo**: «Kai wollte ne coole Zeit, aber für ihn wird das ein richtig harter Winter.»

---

## RUHESTÖRUNG

Gerade bei enger Wohnbebauung ist eine gute Nachbarschaft besonders wichtig. Auf der alten Eiche am Rande des Stadtforstes hatten die Krähen seit Generationen immer dichter neue Nester gebaut.

**Klara**: «Das klingt ja wirklich grauenvoll. In meinen Ohren ist das eine echte Ruhestörung.»

**Karin**: «Aber unser Sohn ist ein Künstler. Als Künstler wird er doch auch mal üben dürfen.»

**Klara**: «Kann er denn nicht einfach krächzen wie einer von uns. Diese hohen Töne sind einfach schrecklich.»

**Karin**: «Das klingt für dich vielleicht ungewohnt. Mein Sohn übt gerade den Gesang einer Nachtigall.»

**Klara**: «Wirklich schlimm. Da platzt ja jedes Trommelfell. Wofür braucht er denn sowas? Ich dachte, er will Schauspieler werden.»

**Karin**: «Ja, und er hat auch schon eine Rolle. Er spielt den Lockvogel beim Tatort Nachtigall.»

---

# SCHLOSSBEWOHNER

Die meisten Einwohner kehren jeden Abend wieder zurück in ihr Nest auf den angestammten Baum. Nur wenige verlassen die Kolonie. Für die Zurückgelassenen werden sie dann zu Helden neuer Legenden.

**Klaus**: «Kalle hat es geschafft. Der wohnt jetzt im Münsterland im Schloss Nordkirchen.»

**Konstantin**: «Wie hat er das denn geschafft. Unsereins wird doch von allen schönen Orten stets vertrieben.»

**Klaus**: «Kalle saß bei Sonnenschein auf einer der vielen Buchsbaumhecken und dann kam der Chefgärtner.»

**Konstantin**: «Und der wollte Kalle verscheuchen?»

**Klaus**: «Nein, genau in diesem Moment war ein Zünsler über seinen Schnabel gekrabbelt.»

**Konstantin**: «Ja, und?»

**Klaus**: «Es entstand eine Legende; Kalle als großer Kämpfer gegen die Armada der Buchsbaumzünsler. Eine Krähe wurde als Retter der Schlossgärten gefeiert.»

**Konstantin**: «Aber wir Krähen fressen diese Zünsler doch gar nicht.»

**Klaus**: «Ist egal, aber die Legende lebt. Sie haben Kalle sogar ein Heim mitten in den Schlosspark gebaut. Ein

Futterhaus mit den leckersten Körnern wurde aufgebaut, damit Kalle auch wirklich bleibt.»

**Konstantin**: «So sieht das Schlaraffenland für Krähen aus. Aber irgendwann muss doch diese Seifenblase platzen und dann ist der Traum aus.»

**Klaus**: «Kalle hat eine Schar Meisen engagiert, die für ihn die Schädlinge bekämpfen. Als Lohn bekommen die fleißigen Meisen nur ein paar feucht gewordene Körner von ihm.»

**Konstantin**: «Ja, der Kalle hats richtig weit gebracht. Wer hätte das gedacht?»

**Klaus**: «Jeder sollte eine Meise haben.»

---

# EIN KARTON

Auch sehr individuelle Schlafgewohnheiten können das Interesse der Mitbewohner wecken.

**Klemens**: «Der Kai-Uwe schläft jetzt in einem Karton.»

**Keaton**: «Wieso macht er das?»

**Klemens**: «Kai-Uwe zwängt sich jeden Abend in ein Tetrapack.»

**Keaton**: «Warum macht er das?»

**Klemens**: «Er will trainieren. Er braucht es für seinen neuen Job.»

**Keaton**: «Als was arbeitet er denn?»

**Klemens**: «Er wird biologischer Schädlingsbekämpfer.»

**Keaton**: «Er lässt sich im Tetrapack zu den Kunden schicken?»

**Klemens**: «Ja, genau so ist das wohl gedacht. Was Krähen so alles machen für ein paar Mücken.»

---

# DIE GESCHÄFTSIDEE

Die Zukunft der Nachkömmlinge kann Eltern schon einige Sorgen bereiten.

**Karsten**: «Wo ist denn eigentlich dein Sohn Kilian abgeblieben? Sonst hat er doch den ganzen Tag hier herumgelungert.»

**Kelly**: «Kilian hat seine neue Geschäftsidee umgesetzt. Der zieht jetzt mit seinen Freunden von Kolonie zu Kolonie.»

**Karsten**: «Und was macht er dort?»

**Kelly**: «Der bietet seine Dienste an.»

**Karsten**: «Welche Dienste sollen das sein? Kilian kann doch nichts richtig.»

**Kelly**: «Genau, wenn sie eine Schüssel Körner dafür bekommen, nichts zu machen, dann ziehen sie weiter.»

---

# EINE FOTOSESSION

Manche Dinge sind so unglaublich, da sollte man sich lieber selbst ein Bild davon machen.

**Knut**: «Es ist so ruhig bei uns in der Siedlung. Wo sind denn die Jugendlichen geblieben?»

**Klarin**: «Die sind alle zusammen bei der Fotosession.

**Knut**: Wo soll denn diese Fotosession sein?»

**Klarin**: «Die findet direkt an der Hauptstraße statt.

**Knut**: Okay, aber da gibt es doch nur den alten Starenkasten, der ab und zu blitzt.»

**Klarin**: «Unsere Jungs und Mädels haben dort so viel Spaß. Die Autofahrer bremsen immer kurz vor dem Radargerät ab. Genau in diesem Moment fliegt dann einer im Sturzflug am Kasten vorbei und löst einen Blitz aus. Das ist ein richtig witziges Spiel. Es ist so lustig, wenn man dann in die Gesichter der Menschen im Auto schaut.»

# DER SPRACHKÜNSTLER

Erfolg hat die größte Überzeugungskraft.

**Konstantin**: «Dieser Rabe glaubt er sei etwas Besseres. Er läuft immer so geschniegelt rum, glänzende Federn, goldgelber Schnabel...»

**Knut**: «Woher kommt der eigentlich? Der war doch einige Jahre weg. War er vielleicht im Knast oder in einer geschlossenen Anstalt?»

**Konstantin**: «Nein, der hat eine Zeitlang bei Menschen gelebt. Dort soll er völlig freiwillig gewohnt haben. Er spricht sogar ihre Sprache.»

**Knut**: «Also meine Meinung dazu ist ganz eindeutig. So einen braucht hier wirklich keiner. Der bringt nur unsere Ordnung durcheinander.»

**Konstantin**: «Der Rabe kennt die besten Futterplätze der Menschen. Wenn er ihre Sprache imitiert, dann sind die Menschen so fasziniert, dass sie ihn mit den besten Leckereien überschütten. Er hat immer Futter im Überfluss.»

**Knut**: «So übel ist er vielleicht gar nicht. Für Neues sollte man ja auch offen sein. Geben wir ihm doch einfach eine Chance. Wahrscheinlich ist er ein richtig netter Kerl.»

---

# KEINE EIER

Beim letzten Tageslicht in einer Krähenkolonie am Rande der Stadt.

**Kurtis:** «Tu es! Du musst es einfach machen!»

**Konrad:** «Ach ne, ich weiß nicht...»

**Kurtis:** «Mach es!»

**Konrad:** «Aber...»

**Kurtis:** «Alter, hast du keine Eier?»

**Konrad:** «Ich bin wirklich nicht der Typ dafür.»

**Kurtis:** «Du musst sie ja nicht selber klauen.»

**Konrad:** «Elster?»

**Kurtis:** «Nimm den Elster-Service, der bringt dir die Eier sogar bis ins Nest.»

**Konrad:** «Ja, das klingt wirklich einfach.»

---

# DER OPA

Manchmal ticken die Vorfahren ganz anders.

**Kasimir**: «Dieses Wochenende besuche ich meinen Uhr-Opa am Titisee.»

**Kenneth**: «Ich wusste überhaupt nicht, dass du noch einen Ur-Opa hast.»

**Kasimir**: «Eigentlich ist er der Großvater meiner Frau.»

**Kenneth**: «Also ist er dann der Opa und nicht der Ur-Opa.»

**Kasimir**: «Er ist unser Uhr-Opa, weil er im Schwarzwald in der größten Kuckucksuhr der Welt arbeitet.»

---

73

# KAMPFSPORT

Manchmal hilft nur hartes Training.

**Katja**: «Karol macht jetzt Kampfsport.»

**Kaela**: «Was macht er denn genau? Karate oder Judo?»

**Katja**: «Ich weiß es nicht. Er macht eine komplette Spezialausbildung.»

**Kaela**: «Trainiert der auf einen Schwarzen Gürtel? Den sieht man bei uns eh nicht.»

**Katja**: «Nein, Karol will Greifvogel werden.»

---

# TATÜ-TATA

Manchmal können die Nachbarn den letzten Nerv rauben.
**Karlos**: «Das ist total nervig. Kannst du mir sagen, wer auf dem Baum sitzt und dauernd „Tatü-tata" ruft. Ein wirklich komischer Vogel muss das sein.»
**Karl-Heinz**: «Ach, das ist doch der junge Eichelherr. Irgendeiner hat ihm erzählt, der Eichelherr sei die Polizei des Waldes.»

---

# FLOTTER KÄFER

Zwei Freunde, die keine Kostverächter sind, ziehen gemeinsam durchs Revier.

**Kai-Uwe**: «Oh, hast du den flotten Käfer gesehen.»

**Kalle**: «Ja, aber der interessiert mich nicht.»

**Kai-Uwe**: «Schau mal hin, der ist richtig knackig.»

**Kalle**: «Nichts für mich.»

**Kai-Uwe**: «Bitte, was ist bloß los mit dir?»

**Kalle**: «Ich bin jetzt Vegetarier.»

---

# NUR SALAT

Selbst bei der Ernährung werden neue Grenzen ausgelotet.

**Klaudia**: «Die gesamte Familie Schnabel isst jetzt nur noch vegetarisch.»

**Kriemhild**: «Bei denen kann ich mir das überhaupt nicht vorstellen. Die essen wirklich nur Gemüse und Salat.»

**Klaudia**: «Ja, genau.»

**Kriemhild**: «Da ist doch bestimmt der Wurm drin.»

---

# EIN ANGLER

Es gibt Tage da wird ziemlich im Trüben gefischt.

Kevin: «Was war denn letzte Woche am Teich los?»

Kornelius: «Karl hat am Ufer eine Dose mit Würmern gefunden. Die hatte ein Angler dort vergessen.»

Kevin: «Was hat Karl mit der Dose gemacht?»

Kornelius: «Er hat die Dose in sein Nest getragen. Nun hat er immer einen Vorrat von Würmern Zuhause. Wenn er hungrig ist, kann er sich einfach bedienen, wann immer er mag.»

Kevin: «Das ist wirklich praktisch. So etwas hätte ich auch gern.»

Kornelius: «Dann musst du bei Karl gleich eine Bestellung aufgeben. Die Liste der Kaufwilligen ist schon lang. Karl sammelt nun Dosen und hat einen Wurmmastbetrieb aufgemacht. Würmer aus Massenhaltung ist ein gutes Geschäft. Jetzt will keiner mehr zum Würmersuchen vor die Tür. Alle wollen ihre Vorratsdosen Zuhause haben und

einfach nur das Beste herauspicken, ohne selbst zu arbeiten.»
Kevin: «Armer Wurm.»

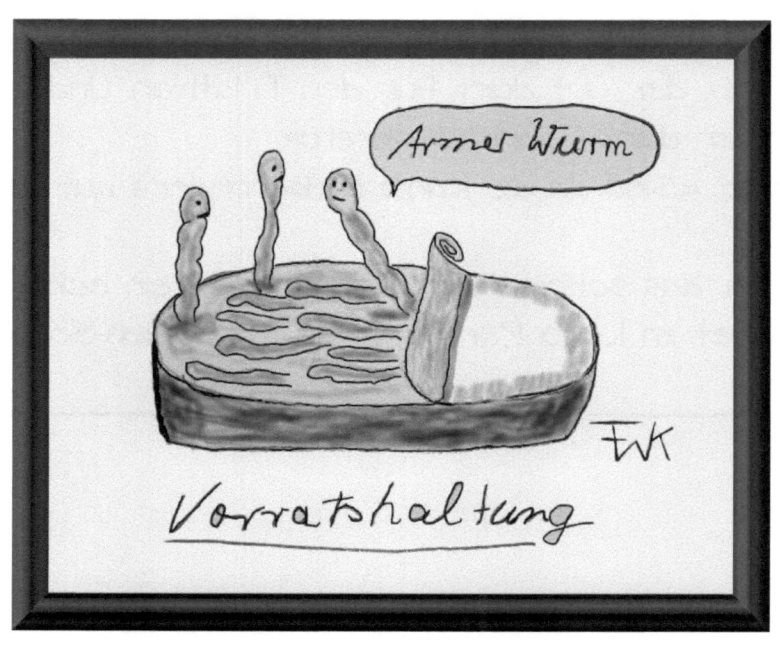

# AUF DEN KANAREN

Fernreisen können einen magischen Reiz ausüben und die Fantasie anregen.

**Karl-Heinz**: «Stimmt es, dass Ken auf den Kanaren ist?»

**Kurt**: «Ja, genau, der ist auf Teneriffa.»

**Karl-Heinz**: «Verbringt Ken dort seinen Urlaub?»

**Kurt**: «Nein, der übt dort für den Triathlon. Und zwar trainiert er dort Fahrradfahren.»

**Karl-Heinz**: «Sind da die Kanaren besonders gut geeignet?»

**Kurt**: «Ja, das schon. Aber Ken ist dort ein echter Exot. Er arbeitet im Loro Park in einer Papageien-Show.»

---

# FAMILIENGLÜCK

Die Nachrichten über Katastrophen verbreiten sich schneller als ein Lauffeuer.

**Katja**: «Bei der Familie Flügel ist ja gestern eine richtige Katastrophe passiert.»

**Kerstin**: «Ja, das Nest ist auseinandergebrochen.»

**Katja**: «Wie konnte das passieren? War es ein Konstruktionsfehler oder vielleicht sogar ein Anschlag?»

**Kerstin**: «Ein Unfall mit dem Nachwuchs, Institut Familienglück.»

**Katja**: «Von Glück kann man da aber nicht reden, eher von Unglück. Ja die beiden haben sich Nachwuchs gewünscht, das ist bekannt. Aber was ist dann passiert?»

**Kerstin**: «Irgendwas ist dann bei der Bestellung schief gegangen. Jedenfalls hat der Storch ein Straußenei über ihrem Nest abgeworfen.»

---

# DIE SCHROTKUR

Nicht jede Erntezeit ist mit Freuden verbunden.

**Korbinian:** «Den Karlo habe ich schon lange nicht mehr gesehen.»

**Kai:** «Der hatte ein Problem mit seiner Maske.»

**Korbinian:** «Ja, Corona....»

**Kai:** «Seine Maske ist beim Fliegen verrutscht.»

**Korbinian:** «Das ist wirklich tragisch. Wie ist das denn genau passiert.»

**Kai:** «Karlo ist ja eine gelernte Saatkrähe.»

**Korbinian:** «Ja, und?»

**Kai:** «Beim Überfall auf das Feld hat Karlo den Bauern übersehen.»

**Korbinian:** «Schlimm!»

**Kai:** «Der arme Karlo ist mitten in die Schrotladung geflogen.»

# DAS EVENTVIERTEL

In den schönsten Stadtvierteln leben die komischsten Vögel.

**Kunibert**: «Kai, wo willst du denn hin? Das Gepäck sieht nach einer längeren Reise aus.»

**Kai**: «Ja, ich zieh hier weg.»

**Kunibert**: «Ach, wo geht's denn hin?»

**Kai**: «Hier ist es einfach zu öde. Ich wohne jetzt im neuen Eventviertel.»

**Kunibert**: «Ist das der Bezirk mit den großen Villen und den hohen Eichen?»

**Kai**: «Ja, die gesamte Jugend zieht jetzt da hin. Jeden Tag gibt's da ein richtig tolles Programm.»

**Kunibert**: «Ich kann mir das gar nicht vorstellen.»

**Kai**: «Greifvogelatrappen in der Dämmerung, Knallfrösche am Nachmittag, Drohnentiefflüge oder auch mal Holzeier im Nest. Vor vier Wochen gab es sogar eine Abenteuerreise. Die gesamte Kolonie wurde in einen neuen Bezirk umgesiedelt.»

**Kunibert**: «Da kommt ja wirklich keine Langeweile auf.»

**Kai**: «Und das tollste, als wir nach vierzehn Tagen zurück ins Villenviertel gezogen sind, wurden wir sogar mit einem bombastischen Feuerwerk begrüßt.»

---

# EIN ROLLENSPIEL

Schräge Vögel müssen manchmal Federn lassen.

**Kalle**: «Meine Federn werden bunt geschminkt und abnehmen muss ich auch.»

**Kira**: «Und das alles machst du nur, weil du unbedingt diese Rolle spielen willst.»

**Kalle**: «Ja, ich darf in dem neuen Musical mitspielen.»

**Kira**: «Toll! Welche Rolle hast du denn?»

**Kalle**: «Ich spiele in der Vogelhochzeit die Meise.»

**Kira**: «Da hattest du wirklich Glück. Der Kris musste für seine Rolle an die Schmerzgrenzen gehen. Der hat noch viel extremer abnehmen müssen.»

**Kalle**: «Dann war er ja nur noch Federn und Knochen. Das ist ja krass. Welche Rolle hat er denn übernommen.»

**Kira**: «Kris spielte in der Premiere den Zaunkönig.»

**Kalle**: «Was ist eigentlich aus Kris geworden?»

Kira: «Den armen Kerl hat die erste kleine Böe aus seinem Nest geworfen.»

# SCHWARZER HIMMEL

Wenn sich der Himmel verdunkelt, lässt das zumeist nichts Gutes ahnen.

Klothilde: «Schau mal, der ganze Himmel ist schwarz.»

Kamelia: «Ja, super. Es kommen immer mehr von uns.»

Klothilde: «Am Anfang waren wir nur wenige, die Hanf als Baustoff für die Nester schätzten.»

Kamelia: «Und jetzt ist daraus eine richtige Bewegung geworden.»

Klothilde: «Ja, seit die ersten Krähen festgestellt haben, dass man mit Hanf auch andere Dinge machen kann, reißt der Strom der Neuankömmlinge einfach nicht ab.»

# PROBLEME

Oft ist es doch eine Kopfsache.

**Klaus**: «Ich hab Hacki sofort gesagt, dass man davon tierische Kopfschmerzen bekommt!  Aber auf mich hört er ja nicht.»

**Karlo**: «Hat Hacki psychische Problem? Immer mit dem Kopf voran vor den dicken Stamm zu fliegen, das tut doch richtig weh.»

**Klaus**: «Hacki hat sich seinen Kopf bunt angemalt und glaubt nun er wäre ein Specht.»

**Karlo**: «Dann schon lieber Schluckspecht.»

## DIE KUNST

Vieles hängt von der Perspektive des Betrachters ab.

**Kaike**: «Und das hier soll wirklich Kunst sein?»

**Kuno**: «Du musst einfach einen Zugang zum Kunstwerk finden. Das ist ein neuer Style, modern und innovativ.»

**Kaike**: «Also, ich sehe nur ein schwarzes Blatt Papier.»

**Kuno**: «Das Kunstwerk trägt den Titel Krähe beim Nachtflug. Wie findest du das?»

**Kaike**: «Ich seh da schwarz.»

---

# DIE NACHBARN

Nachwuchs ist oft niedlich anzusehen, kann aber auch zuweilen gehörig auf die Nerven gehen.

**Kain**: «Klaus, du siehst so unentspannt aus.»

**Klaus**: «Ach, unsere Nachbarn nerven einfach.»

**Kain**: «Was ist los?»

**Klaus**: «Familie Schwänzle hat Nachwuchs bekommen.»

**Kain**: «Ja, aber das ist doch dann normal, dass die Jungen auch mal laut werden.»

**Klaus**: «Aber die machen den ganzen Tag von früh morgens bis abends Sprechübungen.»

**Kain**: «Auch das ist doch völlig normal, die kleinen müssen sich doch entwickeln.»

**Klaus**: «Es ist schrecklich, den ganzen Tag immer dasselbe. Die Eltern rufen Krah, Krah und jedes Mal antwortet der Nachwuchs mit Kuck-kuck. Die lernen es einfach nicht.»

**Kain:** «Ja, das ist wirklich übel.»

**Klaus:** «Ich glaube die Schwänzles brauchen schnellstens professionelle Hilfe. Kennst du einen Logopäden?»

---

# AM BÜFETT

Auch die großen schwarzen Vögel dinieren gern beim Festtagsschmaus.

**Karin**: «Wie war denn das Büfett an der Autobahn?»

**Kea**: «Wie die Geier sind alle darüber hergefallen.»

**Karin**: «Und sonst?»

**Kea**: «Kein Aas beim Service. Das war echt blöd.»

**Karin**: «Das ist halt so bei All-inclusive, kein Aas beim Service und wie die Geier fallen alle über die Auslagen her. Dafür lohnt es sich nicht, sein Nest zu verlassen.»

---

# EIN SCHLUCKSPECHT

Treffen sich zwei Vögel in der Bar.
**Konrad**: «Was trinkst du denn da?»
**Karlheinz**: «Ich trinke Wein! Und du?»
**Konrad**: «Ich trinke Schnaps. Willste auch einen?»
**Karlheinz**: «Nein, ich bin doch Genießer und kein Schluck-specht.»

---

# VON DER STANGE

In manchen Stadtvierteln da geht es richtig rund.
**Kordt**: «In der Stadt da gibt's ja merkwürdige Dinge. Da war ein nackter Vogel im Schaufenster.»
**Kilian**: «Nein, das gibt's doch nicht. War der wirklich völlig nackt?»

**Kordt**: «Ja, der Vogel hatte sein Federnkleid abgelegt, drehte sich an der Stange und ließ sich bräunen.»
**Kilian**: «Wirklich ein Skandal. Das kann doch nur ein dummes Huhn gewesen sein.»

---

## SENIORENWOHNHEIM

Auf einer Dachrinne des städtischen Seniorenwohnheimes sitzen zwei Krähen.
**Knut**: «Lieber eine Taube auf dem Dach...»
**Konrad**: «Was hast du gesagt?»

---

## NUR SPRÜCHE

Auch Krähen haben Gefühle, insbesondere im Frühjahr.
**Klaudia**: «Du hast immer so merkwürdige Sprüche. Ich glaub du bist ein komischer Vogel.»
**Karel**: «Das kannst du doch nicht so sagen, mein Spätzchen.»

---

## EIN WEISER RABE

Eine Krähe sucht den Rat eines weisen Raben. So landet sie beim Dorfältesten Konstantin.
**Kurt**: «Weiser Rabe, ich komme heute zu dir, weil ich dringend deinen Rat brauche.»

**Konstantin**: «Mein Sohn, was lastet so schwer auf deiner Seele?»

**Kurt**: «Ich habe ein Problem. Meine Frau ist verkalkt.»

**Konstantin**: «Woran zeigt sich das? Hat deine Frau Erinnerungslücken?»

**Kurt**: «Nein, die Eier, die sie legt, haben alle eine ziemlich dicke Schale. Unsere Küken müssen immer mit einem Nothammer befreit werden.»

---

97

Vogelfrei

**Weitere Informationen:**

**www.FrankWKallweit.de**

**www.DieWortspieler.de**

✱ ENDE ✱